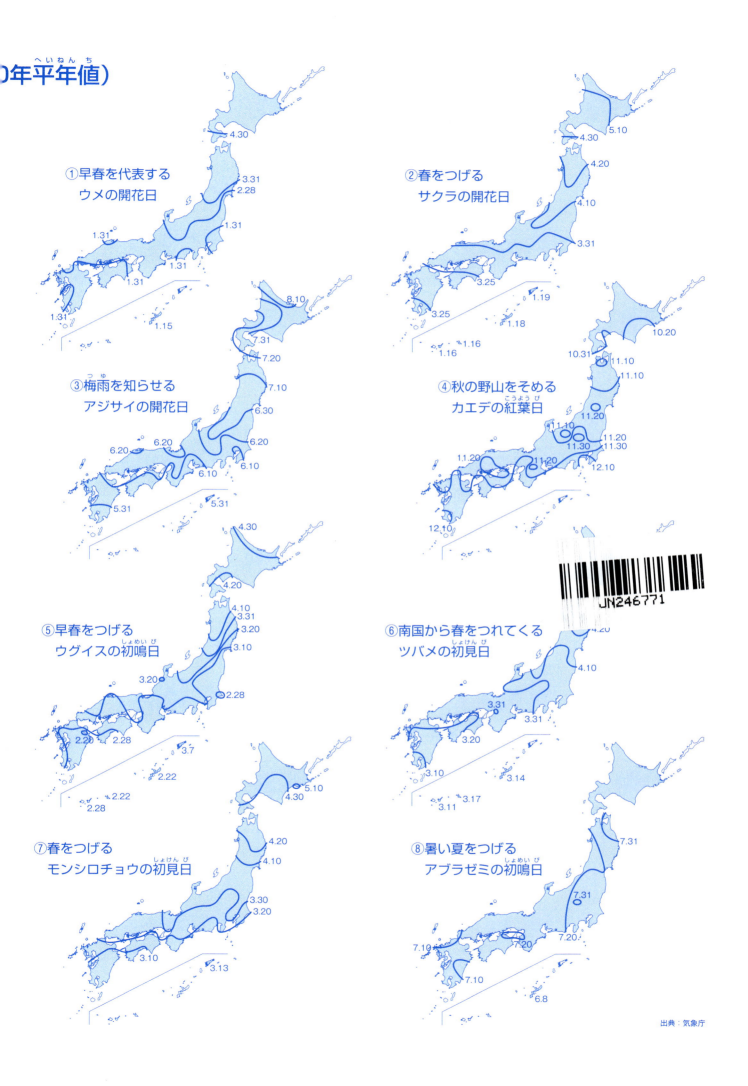

日本の島じま大研究 2

日本の島じまの大自然と気候

監修／田代 博
著／稲葉茂勝

はじめに

みなさんは、「日本列島を大寒波がおそう」とか「台風が日本列島にそって北上」などと聞いたことがあるでしょう。でも、日本列島から遠くはなれたところに位置する沖ノ鳥島は、大寒波にはおそわれませんし、日本列島にそって進む台風のコースとも関係ありませんね。では、どこからどこまでが、日本の島なのでしょうか。「日本列島」とは、どこのことをいっているのかを正確に理解しているでしょうか。多くの日本人は、「日本列島」と「日本」は同じ範囲だと考えているのではないでしょうか。ほんとうにそうでしょうか？

＊

みなさんは、日本の島じまについて、どのくらい知っていますか？ ためしに右のクイズに挑戦してみてください。

1 日本は、国土にたいして森林が多い国です。その割合はどのくらいでしょうか。
㋐ 2分の1　㋑ 3分の1　㋒ 3分の2

2 日本の川の特徴は、どれでしょうか。
㋐ 短くて急　㋑ 長くて急
㋒ 長くてゆるやか

3 朝鮮半島と九州のあいだの対馬は、次のどれでしょうか。
㋐ 本島から切りはなされた島
㋑ 火山島　㋒ リアス海岸をもつ島

4 日本列島の周りを流れる海流は、どれが正しいでしょう。
㋐ 暖流は黒潮と親潮
㋑ 黒潮が暖流で、対馬海流は寒流
㋒ 寒流は親潮とリマン海流

5 日本のほとんどがふくまれている気候帯は、どれでしょう。
㋐ 寒帯　㋑ 温帯　㋒ 熱帯

もくじ

❶ 日本の「本土」のようす…4
❷ 日本の山地と森林…6
❸ 島の生いたちと自然…8
● 日本の周りの海流…10
❹ 北へいけばいくほど………12
● 「やませ」ってなに？…14
❺ 台風の通り道…16

6 かつて「餓死風」「凶作風」などといわれ、おそれられていた風をなんというでしょうか？
㋐突風　㋑春一番　㋒やませ

7 東京の南約1000kmの太平洋上にある小笠原諸島は、なんとよばれているでしょうか？
㋐日本のガラパゴス
㋑アジアのガラパゴス
㋒東洋のガラパゴス

8 台風がいちばん多く発生した1967年には、何個だったでしょうか？
㋐14個　㋑26個　㋒39個

9 日本の降水量の年平均は、世界平均のおよそなん倍でしょうか？
㋐2倍　㋑3倍　㋒4倍

10 2017年7月現在、日本の世界遺産は文化遺産と自然遺産あわせていくつでしょうか？
㋐17件　㋑21件　㋒25件

どうですか、自信をもって答えられましたか？　けっこう、知っているようで知らないことばかりではないでしょうか。

＊

現在、日本はいろいろな意味で世界から注目されています。日本にやってくる外国人もどんどん増えています。東日本大震災のあった2011年には、それまでより減って2321万人でした。でも、その後増えつづけ、近いうちには4000万人以上になりそうです。だからこそ、日本にくらすわたしたちは、日本列島・日本の島じま・日本について正しく理解しておきたい！　そう考えて、日本地図センターの田代博先生の協力を得て、「日本の島じま大研究」全3巻をつくりました。

❶日本列島の歴史と地理
❷日本の島じまの大自然と気候
❸日本の島と領海・EEZ

さあ、みなさんもこのシリーズをよく読んで、日本についてしっかりした知識をもつようにしてください。

子どもジャーナリスト　稲葉茂勝

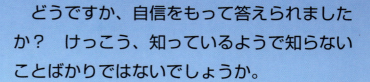

● 日本の気候の特徴…17
● 四季の到来を教えてくれる生きもの…18
❼ 日本の気候と動物分布…20
● 世界自然遺産になった島じま…22
❽ 大小160あまりの島でなりたつ沖縄県…24
❾ 高い島・低い島…26
● 戦争の傷あと…28
用語解説…30　さくいん…31

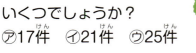

❶ 日本の「本土」のようす

日本にある多くの島じま（湖や沼のなかの島をふくめ現在6852[*1]）のうち、いちばん大きいのが本州です。ついで、北海道、九州、四国の順になっています。この4つは「島」とはよんでいません。まとめて「本土[*2]」といっています。

[*1] 1987年、海上保安庁が『海上保安の現状』で公表した数値。
[*2] 沖縄島も「本土」としてあつかうことがある。

本土の海岸

日本の海岸線は、非常に変化に富んでいます。単調な砂浜が続く砂浜海岸から、複雑に入り組んだリアス海岸など、じつにさまざまな顔を見せています。

こうした海岸をもつことによって、日本の海岸線の総延長は、国土面積のわりに長く、3万4400kmもあります。この距離は、日本の約26倍の国土面積をもつアメリカの海岸線とほぼ同じ長さです。

● 砂浜海岸と砂丘
越後平野や静岡県の遠州灘、千葉県の九十九里浜などでは、海岸線の出入りが少なく、砂浜海岸が長く続いている。こうした海岸には、海から運ばれてきた砂がたまって砂丘ができていることが多い。鳥取砂丘や静岡県の御前崎砂丘、鹿児島県の吹上浜砂丘などはよく知られている。

鳥取砂丘　写真©Hashi photo

● 砂州
千葉県の富津岬、鳥取県の弓ヶ浜、京都府の天橋立、静岡県の三保松原などは、沿岸の潮の流れが砂を堆積させてできた地形の「砂州」となっている。

天橋立　写真©66high land

● 磯海岸
磯海岸には大きくわけて2種類ある。ひとつは固い岩でできた海岸で、切り立ったがけのそばや岬の先端にできるもの。もうひとつは、ごろごろした礫からなる海岸だ。海に流れこむ川が急流の場合、運ばれてくるものはつぶのあらい礫や小石のことが多く、それらが堆積してできる。また、打ちよせる波が海岸のがけをくだいて礫ができて、それが堆積していることもある。

石川県珠洲市の磯海岸

● リアス海岸
水深が深く、入り江が発達しているリアス海岸は各地に見られるが、とくに岩手県から宮城県にかけての三陸海岸や長崎県、大分県から宮崎県にかけての海岸や、愛媛県の宇和海に面した海岸、あるいは福井県の若狭湾や三重県の志摩半島、静岡県の伊豆半島などに発達している。

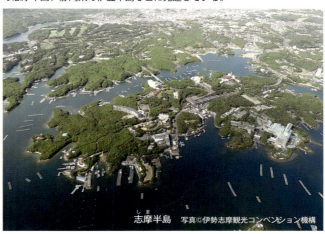
志摩半島　写真©伊勢志摩観光コンベンション機構

● 干潟
干潮時に海底が水面上にあらわれるような場所を「干潟」という。湾の奥の浅い海にできやすく、有明海や東京湾、伊勢湾のように、大きな川が流れこんで土砂が堆積している遠浅の海には広い干潟が見られる。

千葉県の谷津干潟

● サンゴ礁海岸
沖縄島など南西諸島の島には、サンゴ礁がもち上がって（隆起して）できた海岸がある。サンゴ礁は、サンゴがつくる石灰質の骨格が積みかさなってできている。

沖縄島南部・糸満市にある大度浜海岸。
写真©沖縄コンベンションビューロー

❷ 日本の山地と森林

日本の本土(→p4)には、中央に背骨のような山脈が連なっています。これは、とくに東北地方ではっきりしていて、奥羽山脈は、そのまま「日本の背骨」とよばれています。本州の南のほうや四国・九州にも、中央に山脈があります。

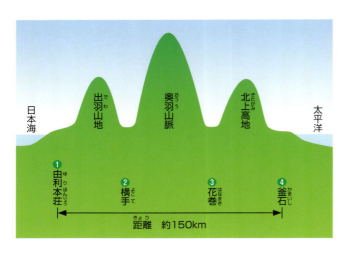

「日本の背骨」

左の図は、日本海側の由利本荘と太平洋側の釜石を結ぶ線で、本土を切りとって見せたものです。「日本の背骨」のようすがよくわかります。背骨があるせいで、太平洋側と日本海側ができ、気候に大きなちがいが生じています。

また、下の地図は、日本の山脈・山地・高地・川などのようすを示したものです。

● 日本のおもな山脈・山地・高地・川

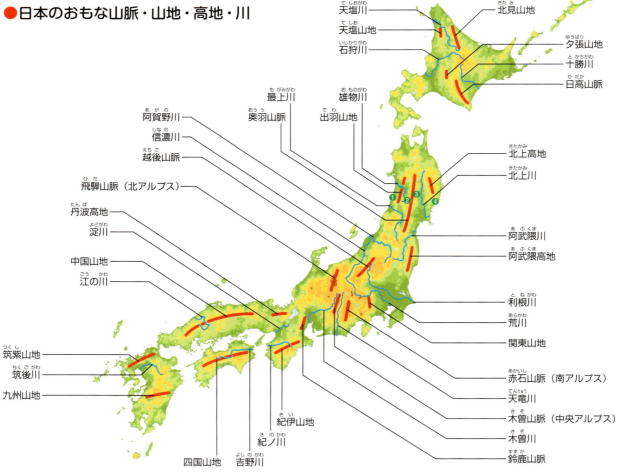

短くて流れが急な日本の川

日本の川の多くは長さが短く、流れがとても急です。それは、ヨーロッパやアメリカなどの川にくらべるとよくわかります。同じぐらいの高低差を流れおちるのに、日本の川は世界の川よりずっと距離が短いのです。

富山県を流れる常願寺川は、源流から河口まで標高差が約3000mもあるのに、川の長さはわずか56kmという世界でも有数の急な川です。

一方、日本でいちばん長い川は信濃川です。長野県の川上村の標高2200m地点を水源とし、367kmの距離を流れて日本海に注いでいます。この川は、上流の長野県では犀川・千曲川とよばれています。

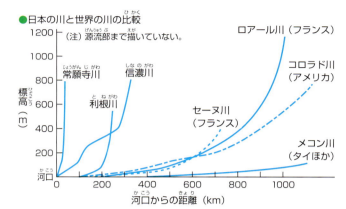
●日本の川と世界の川の比較

●日本の川の上流から下流までの例

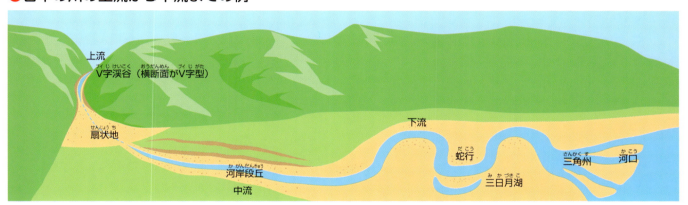

日本の森林面積

日本の山はたいてい森林におおわれています。森林面積は約25万km²（＝2500万ha）で、これは国土面積（37万8000km²＝3780万ha）のおよそ3分の2にあたります。

国連食糧農業機関（FAO）によると、「森林率」（国土面積に対する森林面積の割合）の世界平均は約30％だとされていますので、日本は森林にとてもめぐまれた国であるといえます。

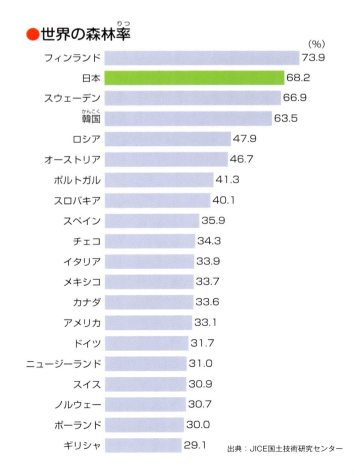
●世界の森林率

	(%)
フィンランド	73.9
日本	68.2
スウェーデン	66.9
韓国	63.5
ロシア	47.9
オーストリア	46.7
ポルトガル	41.3
スロバキア	40.1
スペイン	35.9
チェコ	34.3
イタリア	33.9
メキシコ	33.7
カナダ	33.6
アメリカ	33.1
ドイツ	31.7
ニュージーランド	31.0
スイス	30.9
ノルウェー	30.7
ポーランド	30.0
ギリシャ	29.1

出典：JICE国土技術研究センター

プラス1　森林の保水力

森林では雨水のほとんどが土壌深くしみこんでいき、地中水となる。一方、森林は、土壌の水を吸収するため、水の流出量を減少させる。その消費量は、葉の量に比例するという。そのため、広葉樹林は、水消費量が針葉樹林より多く、河川の増水を軽減するのに大きく貢献している。

❸ 島の生いたちと自然

日本は、本土をはじめとして、島じまにも山が多くあります。でも、なかには平らな島も見られます。地形は島の生いたちと関係があります。ここでは、島がどのようにしてできたのか、その自然環境との関係を見てみましょう。

いろいろな島の生いたち

地球の表面が現在のようになるなかで日本列島がどのようにしてできてきたかについては、1巻に書いてありますので、ここでは、本土以外の島じまの生いたちについて見てみます。

●火山島
火山島は、海底で噴火した海底火山が何度も噴火をくりかえしながら成長して、海面上にすがたをあらわした島。北海道の利尻島や伊豆半島沖の伊豆諸島、九州の南のトカラ列島など、日本の各地に火山島が見られる。これらの島は、比較的歴史の新しいものが多い。

伊豆諸島のひとつ、伊豆大島。

●サンゴ礁の島
九州の南西に位置する南西諸島には、サンゴ礁でできた島が多くある。もともと大陸の一部だった島の周りにサンゴ礁が発達したものと、火山の噴火でできた島の周りにサンゴ礁が発達したものの2通りがある。

奄美大島の近くにある喜界島。©NASA

●本土からはなれた島
氷河時代が終わり、氷河がとけて海水面が上がると、日本海の礼文島や、朝鮮半島と九州のあいだの対馬、隠岐諸島、九州の南の屋久島や種子島、それに瀬戸内海の島じまなどは、それぞれ本土からはなれて島となった。こうした島の多くは山がちだが、種子島のように平らな島もある。

国際宇宙ステーションから見た種子島（2016年撮影）。©NASA

本土に近い島じまの生いたち

ここでは、北海道の礼文島から沖縄島まで、北から南へ順に、島のようすを見てみます。

❶ 礼文島
礼文島は、北緯45度の高緯度にある島。本州では2500m以上の高山にしか生えない植物が海岸に生えている。

❷ 利尻島
島の中央に利尻山（1721m）がそびえている。山に降った雪や雨は、地下水となって流れ、すそ野にあたる島の岸から沖の海にかけてわきだしている。これを「海底湧水」という。

❸ 佐渡島
佐渡島は、日本の本州、北海道、九州、四国、沖縄島に次いで大きな島。山や丘陵から流れでた川が平野をつくっている。
※佐渡島は「さどがしま」と読むこともある。

❹ 三宅島
火山の噴火でできた伊豆諸島の三宅島は、周期的に噴火している。2000年の噴火では、山頂が大きく陥没するだけでなく、火山性の有毒ガスの噴出が止まらないため、全島民が島の外へ避難した。

❺ 瀬戸内海の島
海水面が下がっていた氷河時代には瀬戸内海はなく、低いところを川が流れていた。いまの瀬戸内海にある淡路島や小豆島などの島じまは、当時の川のほとりにあった山やまだ。

❻ 対馬
対馬は島全体が山のようで、海岸線はリアス海岸となっている。リアス海岸は、起伏の多い山地が、海面上昇や地盤沈下により海にしずんだことで形成される。

❼ 屋久島
屋久島には、九州でいちばん高い山、宮之浦岳（1936m）がある。ふもとは亜熱帯気候、山頂は亜寒帯気候。高い山のせいで雲ができやすく、雨がよく降る。山頂の年間降水量は1万mmに達し、冬の山頂には1m以上の雪が積もる。

❽ 諏訪之瀬島
諏訪之瀬島は、鹿児島県のトカラ列島に属する火山島。島中央部に形成された中央火口丘（御岳）では、日常的に噴火が発生している。

日本の周りの海流

日本の近海には、南からやってくる暖流の「黒潮（日本海流）」と、北の海からやってくる寒流の「親潮（千島海流）」が流れています。これらの海流は、日本の気候に大きな影響をあたえています。

●北方生まれの親潮

親潮は、ベーリング海から千島列島の東を通って日本列島の東にやってくる、冷たいにごった海流（寒流）で、千島海流ともよばれます。にごって見えるのは栄養分が豊富で、プランクトンが多いからです。また、それを食べて魚や貝も大きく育ちます。「親潮」とよばれるのは、このためです。

●寒流の影響を受ける東海岸

水温の低い親潮に面する地域では、夏でも気温が上がりにくく、低温と霧になやまされます。北海道の東部では、海霧（海からの霧）にのって、冷たい空気が内陸の耕地に流れこんできます。三陸海岸に面する青森県や岩手県などでは、夏でも、海からの低温の風（やませ→p14）が強く吹くことがあります。

プラス1　リマン海流

日本付近を流れる寒流には、もうひとつ日本海を南下するリマン海流がある。これは、暖流である対馬海流（→右ページ）の一部が北海道西岸を北上し、アムール川の流水とまじって冷却され、寒流となって南下するようになったといわれている。

黒潮にのってやってくるカツオをとる釣り船。
写真提供：黒潮町

●黒潮（日本海流）と対馬海流

黒潮は、熱帯の海からやってくるので暖かく、塩分が濃くなっています。こうした海水ではプランクトン類が少ないため、海水の透明度が高く、海水の色は濃紺なので黒っぽく見えます。「黒潮」の名は、そこからきています。

対馬海流は、琉球諸島の北で黒潮からわかれて、日本海に入って北上していく暖流です。その流れは北海道の北部および、宗谷海峡を通ってオホーツク海に流れこんでいきます。一部は、途中で津軽海峡をぬけて、太平洋側にも流れだします。

●暖流の影響を受ける太平洋岸地域

房総半島をはじめ、黒潮に面する海岸は、暖流の影響を受けて冬でも暖かです。しかし、九州・四国から紀伊半島にかけての地域では、夏から秋にかけて台風の直撃を受けやすく、しばしば強い雨や風にみまわれます。

一方、冬には、対馬海流が流れている海の上をシベリア（→p13）からの冷たい季節風が吹きぬけると、暖かい海水からさかんに水が蒸発します。この水分を多くふくんだ季節風が日本海側の山にぶつかると、雪雲ができて、雪を多く降らせます。

プラス 1　海流とは？

ほぼ一定の流れる方向と道筋をもった海水の流れを、海流という。世界のおもな海流には、熱帯地域から北に向かって流れる、太平洋の黒潮と大西洋のメキシコ湾流、赤道近くで西向きに流れる北赤道海流と南赤道海流がある。
また、海流の幅は、最大で200km以上、厚さは数百m程度。流れの速さは、たいてい1日あたり数十kmだが、部分的に200km以上になることもある。
なお、海の深いところにもゆるやかな流れがあり、深層海流とよばれている。

●世界のおもな海流

④ 北へいけばいくほど……

日本の本土は北へいけばいくほど、また、高度が高い土地ほど寒くなります。しかし、雪は北にいくほど多く降るというわけではありません。本州の日本海側では、比較的南のほうでも世界有数の豪雪地帯となっています。

おもな寒冷地と豪雪地帯

「寒冷地」とは、冬の寒さがきびしい地域のこと（ケッペンの気候区分*で、「寒帯」または「亜寒帯」に属する）。日本のほとんどは温帯に属していますが、日本列島の北にある北海道と東北地方、高地である信越地方が、寒冷地とされています（もう少し範囲を広げ、北陸地方、岐阜県北部、近畿地方北部および山陰地方なども寒冷地とする場合もある）。寒冷地の多くが豪雪地帯となっています。北海道や東北北部では気温が低く、日中も気温が０℃以下で、かわいたサラサラの雪がたくさん降ります。

*植生の分布に注目して、ドイツの気象学者ウラジミール・ペーター・ケッペンが、1923年に考案した気候区分。

岐阜県北部の豪雪地帯にある白川郷。

■ 特別豪雪地帯
■ 豪雪地帯

プラス１　世界一の積雪量記録

1927年２月14日時点の滋賀県伊吹山の積雪量1,182cm。約12ｍ！　一日の降雪量の世界一記録もこの伊吹山で、1975年１月14日の230cm。また、山岳地帯ではなく平地での一日の降雪量世界一記録は、1946年１月17日新潟県中頸城郡関山村（現在の新潟県妙高市大字関山）の210cm。

山形県の米沢盆地の東にそびえる蔵王連峰の樹氷。樹木に横なぐりの雪がくっついて、「スノーモンスター」「アイスモンスター」などとよばれる独特な形をつくる。

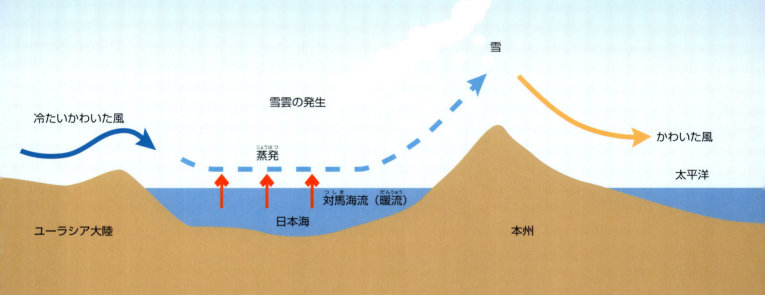

雪がたくさん降るわけ

　冬、日本付近では、西側のユーラシア大陸上に大きな高気圧が張りだし、太平洋岸に大きな低気圧があることが多くなります。これは、「西高東低」とよばれる典型的な冬型の気圧配置です。このような気圧配置になると、シベリア（ロシア連邦の東部）から冷たくかわいた北西の季節風（→p17）が、日本海をわたって日本列島に吹きつけます。ところが、対馬海流が流れている新潟県沖では、冬でも10℃くらいと暖かく、たくさんの水蒸気が上空に向かってのぼっていきます。その水蒸気が上空の冷たい空気によって冷やされて積乱雲（雪雲）ができ、それが新潟県あたりの日本海側にたくさんの雪を降らせます。日本海側で積雪が多いのは、冷たい季節風と暖かい対馬海流が原因になっているのです。

　なお、日本海側に降る雪は、山間部が大雪になる「山雪型」と、平野部が大雪になる「里雪型」にわけられます。

●山雪型
日本海から水分をたっぷりとふくんだ季節風が山にそって上昇するとき、温度が下がって積乱雲ができ、山ぞいが大雪になる。
●里雪型
山雪型のときよりも強い寒気が日本上空をおおうと、日本海側の平野部に小さな低気圧が発生して、それが原因で平野部が大雪になる。

「やませ」ってなに？

日本の気候の特徴のひとつに「やませ」があります。「やませ」とは、梅雨や夏に北海道や東北地方、関東地方で吹く冷たいしめった東寄りの風のことです。この風は、かつて「餓死風」「凶作風」などといわれ、おそれられていました。

●やませが吹く天気図

オホーツク海高気圧は、オホーツク海付近に中心をもつ高気圧で、6〜8月にあらわれることが多く、下層に寒気をともなっています。

オホーツク海高気圧が、偏西風の影響で、数週間にわたり停滞することがあります。この高気圧から、北海道〜関東地方の太平洋沿岸に向かって冷たくしめった東寄りの風が吹きつけます。東北地方では、この東寄りの風が「やませ」です。

やませが吹くと低温や日照不足が起こり、長期にわたってやませが吹きつづけると、冷害となることがあります。その結果、その年の米の収量が少なくなってしまいます。

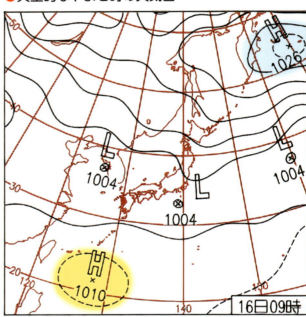

●典型的なやませ時の天気図

2017年8月16日の地上天気図。南側には太平洋高気圧（黄色）、北側にはオホーツク海高気圧（青色）が存在している。　　出典：気象庁

●偏西風の蛇行とオホーツク海高気圧

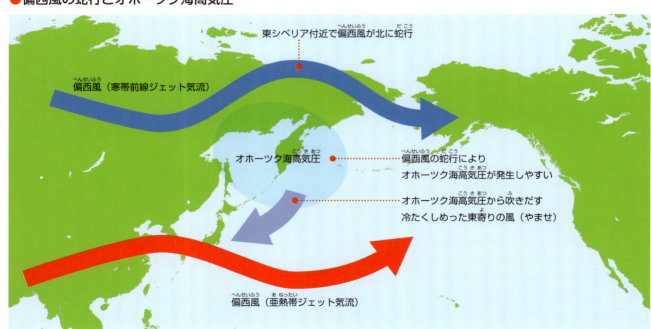

一方、やませが山をこえるときに水分を失って、日本海側の斜面を、乾燥した高温の風となって吹きおろすことがあります。この現象を「フェーン現象」といいます。

● フェーン現象の起こるしくみ

● やませが吹くときの気温・日照

　下の図は、2007年7月19日の気象衛星画像。海上で発生した霧や雲が東寄りの風に流され、東北地方の太平洋側に押しよせています。雲は奥羽山脈（→p6）でせき止められ、日本海側は晴れて雲がないため、黒く写っています。

　右の上と下の図はアメダス観測による2007年7月18日～19日の日最高気温の2日間平均（℃）と日照時間の2日間合計（時間）の分布です。奥羽山脈の東西で、気温と日照時間の差がはっきりとわかります。

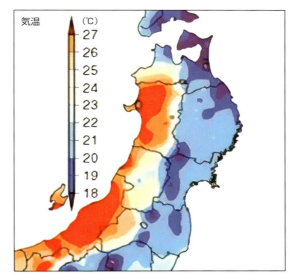

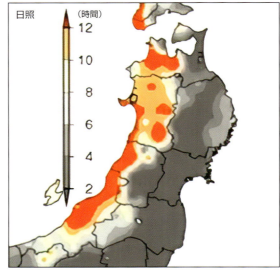

出典：仙台管区気象台

⑤ 台風の通り道

北ではやませが、南のほうでは台風が
吹きあれるのが、日本列島!
とくに台風は、毎年のように
南西諸島から九州、四国に近づいたり
上陸したりしています。
ここでは、台風について
見てみましょう。

©NASA

日本の南にある3つの台風（2006年7・8・9号）。

1年間に平均26個発生

　1951年から2016年までの66年間で年平均26個の台風が発生しています。最多は1967（昭和42）年の39個。最少は2010（平成22）年の14個です。

　春の台風は、北半球の低緯度地方（赤道に近い、おもに熱帯地域）で発生します。低緯度地方では東から西へ風が吹いているので、台風は西に進み、フィリピン方面に向かいます。夏になると台風が発生する緯度が高くなり、西へ流されながらしだいに北上。日本列島に近づいてくると、上空で西から東に吹いている風（偏西風）に流され、日本の方向へ向かってきます。

接近と上陸

　気象庁によると、「接近」というのは、台風が日本に上陸したかどうかにかかわらず、台風の中心が日本のどこかの気象官署（気象台や観測所など）から300km以内にくることをいいます。1951年から2016年までの66年間で、日本に接近した台風がいちばん多い年は1960年・1966年・2004年で、19個でした。2004（平成16）年には、そのうち最多の10個が上陸しています。

❻ 日本の気候の特徴

地球の中緯度*1にある国では、四季がはっきりしていることが多く、日本はその典型的な国です。また、降水量が多いのも日本の特徴とされています。年平均の降水量は1690mm*2で、世界平均の約2倍といわれています。

*1 北緯30度〜北緯60度の範囲。
*2 1976〜2005年の30年間の平均（国土交通省調べ）。

大陸と大洋の影響

日本の気候は、日本が大陸の東海岸に近く、大きな海に囲まれていることが大きく影響しています。これは、大陸が暖まりやすく冷えやすく、反対に海は暖まりにくく冷めにくいという性質をもっていることによります。こうした性質により、日本では、夏と冬とでは風の吹く方向がかわります。この風を季節風といいます。夏は太平洋からしめった南寄りの風が、冬には大陸から冷たく乾燥した北寄りの風が吹いてきます。

冷えた空気のかたまりは周りの空気より重く、圧力が高いので高気圧という。高気圧からは空気が下降しながら周りに流れていく。

暖められた空気のかたまりは軽くなって上昇し、圧力が低いので低気圧という。低気圧に向かって周りから空気が流れこんでくる。

6つの気候区分

気候区分のわけ方はいくつかありますが、代表的なのは、下の地図のように、気温・降水量・湿度と日照時間を基準にして、日本を大きく6つの気候区にわけたものです。

6つの気候区の特徴

- 北海道型気候区　年間を通して雨が少なく、梅雨の影響がほとんどない。冬は寒さがきびしい亜寒帯気候。西部の日本海側は雪が多く、東部の太平洋側は雪は少ないが、寒さがきびしい。オホーツク海側には流氷がおしよせる。
- 日本海型気候区　夏はあまり気温が上がらず、比較的すごしやすいが、冬は北西からの季節風の影響で大雪が降ることもあり、降水量は冬のほうが多くなる。
- 太平洋型気候区　夏は南東からの季節風の影響を受け、湿気の多いじめじめした暑さが続くが、冬はあまり雨が降らず、晴れて乾燥した日が続く。ただし、北と南では地域差が大きく、東北地方は、夏はあまり気温が上がらず、日照時間も少ない。一方、九州などの西南日本では、梅雨や台風の季節にはげしい雨が降り、冬はあまり寒くない。
- 内陸型気候区　おもに内陸の地域で、冬の寒さはきびしいが、日本海型気候区のように雪がたくさん降ることはない。夏はすずしい。
- 瀬戸内型気候区　雨や雪の日が少なく、年間を通して日照時間が多い。梅雨後半や台風が通過するときには集中豪雨におそわれることもある。
- 南西諸島型気候区　一年じゅう暖かく、寒い季節のない亜熱帯気候。台風の影響を強く受ける。

⑰

四季の到来を教えてくれる生きもの

気温、雨、雪、風は、日本の四季を知らせてくれます。
でも、それだけではありません。サクラやカエデなどの植物や、
ツバメ、チョウ、セミなどの鳥や虫も、日本の四季を知らせてくれます。

●生きもののふしぎ

　動物や植物は、季節の変化を気温だけでなく、光の変化や空気のしめり気などをふくめて総合的にとらえています。それで、気温や気圧、湿度などの観測データがなくても、生きものが観測機器のかわりとなり、季節変化がわかるのです。

　「サクラ前線」という言葉を、聞いたことがあるでしょうか。サクラ前線というのは、日本地図上にサクラの開花日が同じ地点を線で結んだものです。すでに咲いた地域とこれから咲く地域の境目が天気図の前線とよく似ていることから、このようによばれるようになりました。サクラだけでなく、ほかの生きものと季節の関係を観察することで得られたデータにもとづく、いろいろな生きもの前線があります。

　生きもの前線の観測をおこなっているのは、気象庁です。全国にある気象観測所では、気圧、気温、湿度、風向、風速などの観測のほかにも、ウメやサクラの開花した日、カエデやイチョウの葉が赤や黄に色づいた日、また、ウグイスやセミなどの鳴き声をはじめて聞いた日、ツバメのすがたやホタルの光をはじめて見た日などの観測をおこなっています。

　観測された結果から、季節の進みやおくれの度合いがわかるほか、総合的な気象状況をとらえることもできます。また、サクラの開花前線や紅葉前線などは、新聞やテレビなどにも発表され、生活情報のひとつになっています。

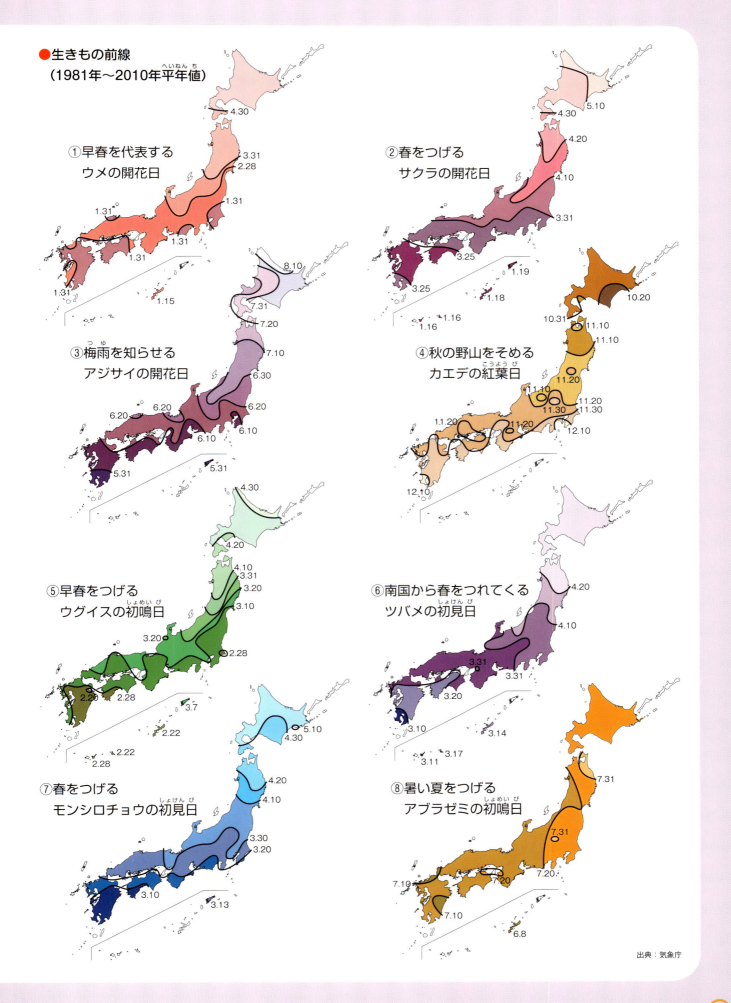

❼ 日本の気候と動物分布

植物は、種類によって好む気温や水分の量がちがいます。
生活環境に合わない場所には生えません。
一方、動物は好ましい生活環境をもとめて移動します。

日本列島の生いたちとの関係

　動物は移動することができるといっても、鳥のように空を飛んだりクジラのように海を泳いだりして移動できる動物はべつとして、多くの陸上動物は日本の島から独力で外にいくことはできません。現在、日本で見られる動物分布は、日本列島が大昔に大陸とつながっていたことと関係しています。

　ニホンザルは、下北半島を北限とし、屋久島を南限として分布しています。また、ニホンカモシカやツキノワグマ、ヤマネなども、本州、四国、九州には分布していますが、北海道にはいません。逆に、北海道には、ヒグマやナキウサギ、キタキツネなどが分布していますが、それらは本州以南にはいません。

　このように、日本の動物分布は、北海道と本州のあいだと、鹿児島県の屋久島・種子島とトカラ列島のあいだに境界線があります。これは、氷河時代に本州から屋久島・種子島までは陸続きになっていたこと、逆に、北海道は本州から、トカラ列島は九州からはなれていて、そうした動物が海をわたって行き来できなかったことを示しています。

鹿児島県の奄美大島と徳之島のみに分布。ウサギにしては短めの耳が特徴。「環境省レッドリスト2017」に絶滅危惧ⅠB類として記載されている。

©沖縄観光コンベンションビューロー

沖縄島北部のやんばる地域のみに生息している鳥。「環境省レッドリスト2017」に絶滅危惧ⅠA類として記載されている。

沖縄県西表島のみに生息している野生のネコ。森林や湿地にすみ、鳥やトカゲ、魚などをつかまえて食べる。「環境省レッドリスト2017」に絶滅危惧ⅠA類として記載されている。

©沖縄観光コンベンションビューロー

西表島

イリオモテヤマネコ

東洋のガラパゴス

南西諸島は、ヤンバルクイナやイリオモテヤマネコなど、世界的にもめずらしい動物がくらす島じまです。このようにほかの土地では見られない固有種の動植物をはじめ、ゆたかな植生にあふれているため、「東洋のガラパゴス*」といわれることがあります。もともとは小笠原諸島をさす言葉でしたが、近年では、奄美大島、西表島や屋久島なども、そうよばれています。

＊「ガラパゴス」とは、南アメリカ大陸の西の太平洋上に位置する、赤道上のガラパゴス諸島（エクアドル領）のこと。そこでしか見られない動植物が数多く生息している。

北海道、樺太などに生息するキツネ。本州・四国・九州にすむホンドギツネにくらべて、体色は黄色みが強い。

日本では北海道にのみ生息。比較的冷涼な気候を好む。日本に生息する陸上ほ乳類のなかで最大。

北海道
ヒグマ
キタキツネ
ナキウサギ

下北半島

本州
ニホンザル
ツキノワグマ
ニホンカモシカ
イノシシ
ヤマネ

日本人にはなじみの深い動物。おとなは顔とおしりが赤くて毛が少なく、しっぽは10cmくらいと短い。

種子島
トカラ列島

奄美大島
アマミノクロウサギ

沖縄島
ヤンバルクイナ

すがたはリスとネズミの中間。背中に黒いすじが1本通っているのが特徴。日本の固有種で、国指定の天然記念物。

㉑

世界自然遺産になった島じま

1972年、ユネスコ（国際連合教育科学文化機関）の総会で「世界遺産条約」が採択されました。これは、地球上にあるたいせつな自然や歴史ある建物・場所などを「世界遺産」として定め、世界じゅうで協力して守っていこうという取り決めです。

●3つの種類の世界遺産

ユネスコでは、世界遺産をつぎの3種類にわけています。また、世界遺産に登録されるには、そのための10個の基準のうちの1つ以上を満たしていること、保護と管理をしていく体制が整っていることなど、いくつもの条件をクリアする必要があります。これらをクリアして、各国から推薦された世界遺産の候補が、毎年1回開かれる世界遺産委員会で審査され、新しい世界遺産として登録されます。

世界遺産は2017年7月現在、1,073件あります。日本には、文化遺産が17件、自然遺産が4件あります（複合遺産なし）。

- 文化遺産：いつまでもかわらない価値がある記念物や建物、遺跡など。
- 自然遺産：とくに価値が高いとされる、地形や地質、生態系、景観、絶滅のおそれがある生きものがすむ場所など。
- 複合遺産：文化遺産と自然遺産の両方の価値をもつもの。

●日本の世界遺産リスト

文化遺産
- 法隆寺地域の仏教建造物（奈良県）1993年12月
- 姫路城（兵庫県）1993年12月
- 古都京都の文化財（京都府、滋賀県）1994年12月
- 白川郷・五箇山の合掌造り集落（岐阜県、富山県）1995年12月
- 原爆ドーム（広島県）1996年12月
- 厳島神社（広島県）1996年12月
- 古都奈良の文化財（奈良県）1998年12月
- 日光の社寺（栃木県）1999年12月
- 琉球王国のグスクおよび関連遺産群（沖縄県）2000年12月
- 紀伊山地の霊場と参詣道（奈良県、和歌山県、三重県）2004年7月
- 石見銀山遺跡とその文化的景観（島根県）2007年6月
- 平泉　仏国土（浄土）を表す建築・庭園及び考古学的遺跡群（岩手県）2011年6月
- 富士山　信仰の対象と芸術の源泉（山梨県、静岡県）2013年6月
- 富岡製糸場と絹産業遺産群（群馬県）2014年6月
- 明治日本の産業革命遺産　製鉄・製鋼、造船、石炭産業（福岡県、佐賀県、長崎県、熊本県、鹿児島県、山口県、岩手県、静岡県）2015年7月
- ル・コルビュジエの建築作品　近代建築への顕著な貢献（国立西洋美術館＝東京都）2016年7月
- 「神宿る島」宗像・沖ノ島と関連遺産群（福岡県）2017年7月

自然遺産
- 屋久島（鹿児島県）1993年12月
- 白神山地（青森県、秋田県）1993年12月
- 知床（北海道）2005年7月
- 小笠原諸島（東京都）2011年6月

自然遺産ではなく、文化遺産として登録された富士山。

●小笠原諸島

　東京都心から1000km以上もはなれた小笠原諸島は、父島、母島、硫黄島、南鳥島、沖ノ鳥島など大小30あまりの島からなる亜熱帯気候の島じまです。そこには、希少な生態系や自然が残り、「東洋のガラパゴス（→p21）」とよばれています。2011年に自然遺産にも登録されました。

　沖縄とほぼ同じ緯度にあり、年間平均気温23度、年間降水量1600mm。年間を通して雪や霜は見られません。小笠原諸島は、ほとんどが「高い島」ですが、日本のいちばん東にある南鳥島（→3巻p28）だけが、サンゴ礁からなる「低い島」です（→p26・p27）。

父島の美しい海岸。

●屋久島

　1993年に世界遺産に登録された屋久島は、本土最南端の鹿児島県佐多岬の南南西約60km海上にあります。ほぼ円形で面積は、504.88km²。海岸線が約132kmあります。ヤクスギをふくむ生態系の特異な景観など、学術的に大きな価値をもつとして、「類を見ない島」「人類の至宝」などといわれています。小笠原諸島と同じく「東洋のガラパゴス」といわれることがあります。

屋久島のこけむす森。

●沖ノ島

　福岡県宗像市に属する沖ノ島は、九州から約60kmのところに位置する、周囲がわずか4kmの、サンゴ礁と2つの岩からなる小さな島です。2017年7月、「『神宿る島』宗像・沖ノ島と関連遺産群」という登録名で、世界文化遺産となりました。

沖ノ島は、島全体が宗像大社の神領となっている。

⑧ 大小160あまりの島でなりたつ沖縄県

沖縄県は、九州と台湾のあいだに弓形にのびる南西諸島の南半分をしめています。沖縄島を中心にした沖縄諸島、西表島、石垣島をふくむ八重山列島、宮古島をふくむ宮古列島などで構成されています。

沖縄の気候

沖縄県は熱帯に近いため、暖かい海に囲まれています。冬でも10℃以下になることはなく、さらに高い山地がないため、まれにしか雪が降ることも、平地に霜が降りることもありません。

沖縄島は、南部はサンゴ礁が隆起した土地で、地形は平らです。一方、北部は山が多く、あたりは深い森におおわれています。

沖縄の梅雨は5月上旬にはじまり、日本本土よりおよそ1か月早く6月中旬に終わります。その分、真夏が長くて蒸し暑いのですが、海に囲まれていて、南風が吹くので、大都市のような高温にはなりません。

夏の晴天のあいまに、熱帯で発生する台風が毎年7～8個はやってきます。沖縄を中心とする南西諸島周辺は、日本でいちばんの台風の通り道になっています。

10月中旬には、北風（沖縄ではニシカジという）が吹きはじめて、秋がはじまります。

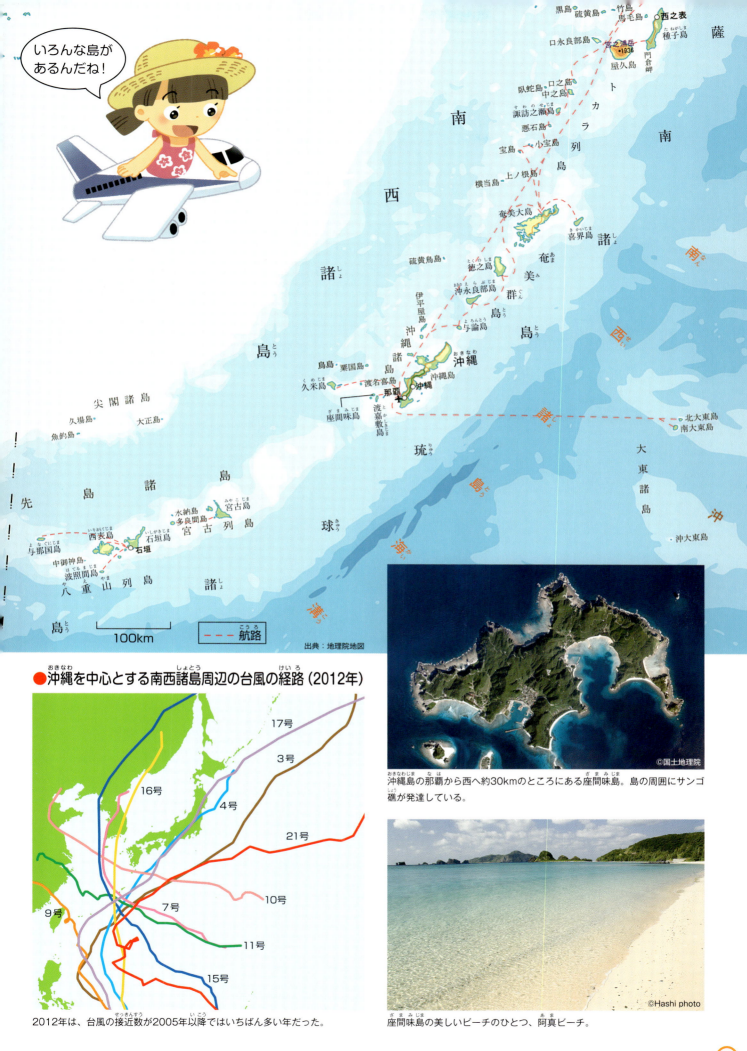

沖縄島の那覇から西へ約30kmのところにある座間味島。島の周囲にサンゴ礁が発達している。

座間味島の美しいビーチのひとつ、阿真ビーチ。

●沖縄を中心とする南西諸島周辺の台風の経路（2012年）

2012年は、台風の接近数が2005年以降ではいちばん多い年だった。

⑨ 高い島・低い島

南西諸島や小笠原諸島には、その地形から「高い島」と「低い島」の2つのタイプにわけることができます。島の地形のちがいは、気候や自然に大きな影響をあたえています。

「高い島」の気候と自然

「高い島」は「山地島」ともいわれる、山のある島のことです。屋久島、トカラ列島、奄美大島、徳之島、久米島、渡嘉敷島、石垣島、西表島、与那国島が「高い島」にあたります。沖縄島は、北部は「高い島」、南部は「低い島」となっています。

「高い島」には、もともと大陸の一部だった陸地が切りはなされてできた大陸島と、火山活動で生まれた火山島があります。

「高い島」では、雲がかかりやすく、よく雨が降ります。そのため、川や谷ができ、シイやカシなどの森林が発達しています。そして、河口付近には平地が広がっています

上：国際宇宙ステーションから撮影された沖縄島。北部が森におおわれているのがよくわかる。
左：沖縄島の北部地域は「やんばる（山原）」とよばれている。海抜400m前後の山地が連なっていて、森林におおわれている。

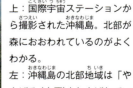

沖縄島の南部は「低い島」の特徴ともいえる大規模な鍾乳洞が見られる。写真は、沖縄島最大の鍾乳洞「玉泉洞」。

「低い島」の気候と自然

　「低い島」は「大地島」ともいい、平らなサンゴ礁の島をさします。種子島、喜界島、沖永良部島、与論島、宮古島、波照間島が「低い島」にあたります。

　これらの島は、サンゴや有孔虫などの生物がつくりだした石灰岩でできています。

　「低い島」では、雨は地下にすいこまれてしまい、地表にはほとんど流れていません。こうした島には、洞くつがあちこちにあります。なかには鍾乳洞になっているものもあります。

「低い島」のひとつ宮古島と池間島とのあいだには、全長1425mの池間大橋がかけられている。写真の手前側が池間島、奥が宮古島側。

戦争の傷あと

沖縄県は、日本の国土面積の0.6％の広さしかありません。その沖縄に、日本にあるアメリカ軍基地の面積の約22％があります。アメリカ軍基地は日本のなかにありますが、基地のなかは、日本ではありません。

●地上戦があった沖縄

1939（昭和14）年9月にはじまった第二次世界大戦のうちで、日本がはじめた戦争が太平洋戦争です。1941（昭和16）年12月8日、日本軍はハワイのパールハーバーを攻撃して、アメリカに宣戦。南は、赤道をこえて東南アジアや、インドネシア周辺の南太平洋の島じまへ進出しました。しかし、アメリカを中心とした連合国軍の反撃にあい、日本軍は敗退を続けました。

1945（昭和20）年3月、日本本土への攻撃を前に、アメリカ軍が沖縄に上陸。その後、約3か月にわたって悲惨な戦闘がくり広げられたのです。沖縄は、日本でただひとつ地上戦がおこなわれた土地で、一般の人たちが多くまきこまれました。沖縄戦で、日本軍人をふくめ、住民など約20万人が命を失ったといわれています。

沖縄島の宜野湾市にあるアメリカ軍基地（普天間飛行場）。すぐそばに住宅がある。

沖縄県平和祈念資料館にある、ガマでの生活を復元した模型。©沖縄観光コンベンションビューロー

●洞くつに残された戦争のつめあと

　沖縄で最大の地上戦があったのは、日本軍の本部が置かれた沖縄島の中南部です。昼は毎日のように砲撃が続き、家を焼かれた住民が石灰岩の洞くつにかくれました。

　日本とアメリカでは、軍事力に非常に大きな差がありました。日本軍は、島の中部から南部へ、洞くつにかくれながら移動して抵抗しましたが、結局、降伏。最後の地は、現在の平和祈念公園やひめゆりの塔のあるところでした。それは、1945（昭和20）年8月の終戦の1か月半前のことでした。

　今でも沖縄には、戦争のつめあとが残る場所が各地にあり、とくに洞くつのなかには当時のようすがなまなましく残っています。

●サンゴ礁のガマ

　サンゴ礁が隆起してできた沖縄島の南部には、石灰岩が侵食されてできた洞くつがいたるところにあります。地元では洞くつのことを「ガマ」とよんでいます。ガマは、死んだ人をほうむったりする神聖な場所でした。そこが悲惨な戦場になったのです。

　大きなガマのなかには、野戦病院としてつかわれたところもあり、当時の医療器具や日用品などが残されたままになっています。

●負の世界遺産

　「負の世界遺産」は、人類が犯した悲惨なできごとを伝え、そうした悲劇を二度と起こさないための戒めとするために後世に残す世界遺産をさす言葉です。ユネスコが指定している分類ではありませんが、広島の原爆ドームや、ナチス・ドイツがユダヤ人を虐殺したポーランドのオシフィエンチム（アウシュヴィッツ）強制収容所が、まさに負の世界遺産です。

　サンゴ礁の島に残された「ガマ」は、世界遺産にはなっていませんが、負の世界遺産として伝えていきたいものです。

看護要員として沖縄戦に動員され、亡くなった女子学生と職員の慰霊塔、ひめゆりの塔。©沖縄観光コンベンションビューロー

用語解説

● サンゴ礁……8、23、24、25、27、29

サンゴは、イソギンチャクやクラゲと同じなかまの動物で、小さな個体がいくつも集まって群体を形成している。一つひとつのサンゴは、ポリプとよばれる本体と石灰質の骨格の部分でつくられている。サンゴ礁は、この石灰質の骨格が長い時間をかけて積みかさなってできた地形。

● 鍾乳洞……27

鍾乳洞は、海底でサンゴなどが堆積することによりできた石灰岩が、地殻変動などによって地上に隆起し、雨水や地下水によって侵食を受けてできたもの。石灰岩の主成分である炭酸カルシウムは地表の水によくとけるので、通常の岩石よりはげしく侵食され、その内部に多くの空洞を生じる。

● 台風……16、17、24、25

気象庁では、台風とは、北西太平洋に存在する熱帯低気圧のうち、低気圧域内の最大風速がおよそ17m/秒（風力8）以上のものと定義している。気象庁が台風と認めたとき、その年の発生順に番号をつける。台風の「上陸」とは、台風の中心が本土（北海道・本州・四国・九州）の海岸に達した場合をいう。

● 氷河時代……8、9、20

寒冷な気候により、地球上の広範な地域にわたって氷河の発達した時代のこと。氷河の発達によって海水量の変化が起こり、非常に寒冷な氷期では海面が今日よりも低下し、陸続きとなったところが発生した。

● 偏西風……14、15

日本が位置する北半球中緯度（北緯30度〜60度の範囲）の上空には、空気が南北に蛇行しながら西から東に流れている。これが「偏西風」で、その流れが最も強いところをジェット気流という。北にあるジェット気流を「寒帯前線ジェット気流」といい、南にあるジェット気流を「亜熱帯ジェット気流」という。これらのジェット気流は一年を通じてあり、北半球では春から夏にかけて北上していき、秋から冬には南下する。

● 流氷……17

海の水が凍ったものを海氷といい、流れ漂っている海氷を流氷という。日本では、おもに網走・紋別などのオホーツク海沿岸で見ることができる。オホーツク海は四方をユーラシア大陸・千島列島・樺太・北海道に囲まれ、太平洋や日本海などと海水がまじりにくいことや、シベリア高気圧という寒気団の影響を受けることなどから、流氷が生成されやすい。

● レッドリスト……20

絶滅のおそれのある野生生物の種のリスト。国際的には国際自然保護連合（UCN）が作成しており、日本においては、環境省のほか地方公共団体やNGOなどが作成している。環境省は、絶滅の危険性の高いものから低いものへと、下のようにランク分けしている。

絶滅	日本ではすでに絶滅したと考えられる種
野生絶滅	野生ではすでに絶滅したと考えられる種
絶滅危惧ⅠA類	ごく近い将来に野生での絶滅の危険性がきわめて高い種
絶滅危惧ⅠB類	近い将来に野生での絶滅の危険性が高い種
絶滅危惧Ⅱ類	絶滅の危険性が増大している種
準絶滅危惧	現時点では絶滅危険度は小さいが、生息条件の変化によっては「絶滅危惧」に移行する可能性のある種
情報不足	評価するだけの情報が不足している種
絶滅のおそれのある地域個体群	地域的に孤立している個体群で、絶滅のおそれが高いもの

さくいん

あ行

天橋立 …………………………5
奄美大島 ……… 8、21、25、26
アマミノクロウサギ ……… 20、21
生きもの前線 ……………………18
石垣島 ………………… 25、26
伊豆諸島 …………………… 8、9
磯海岸 …………………………5
西表島 ……… 20、21、25、26
イリオモテヤマネコ ……… 20、21
奥羽山脈 …………………… 6、15
小笠原諸島 …… 3、21、22、23
沖縄島 …4、5、9、20、21、24、
　　　　　　25、26、28、29
沖永良部島 ……………… 25、27
沖ノ島 …………………… 22、23
オホーツク海高気圧 ……………14
親潮 ………………… 2、10、11

か行

火山島 …………………… 2、8、9
ガマ ……………………………29
寒流 …………………… 2、10
喜界島 ………………… 8、25、27
季節風 …………………… 13、17
キタキツネ ……………… 20、21
黒潮 ………… 2、10、11、13
高気圧 …………………… 13、17
降水量 ………… 3、9、17、23
豪雪地帯 ……………………12

さ行

砂丘 …………………………5
サクラ前線 ……………………18
砂州 …………………………5
佐渡島 …………………………9

サンゴ礁 ……… 5、8、23、24、
　　　　　　27、29、30
ジェット気流 …………… 14、30
四季 …………………… 17、18
信濃川 …………………… 6、7
志摩半島 …………………………5
樹氷 ……………………………13
常願寺川 …………………………7
鍾乳洞 …………………… 27、30
森林率 …………………………7
砂浜海岸 …………………………5
諏訪之瀬島 …………………………9
世界遺産 ………… 3、22、29
絶滅危惧 ………………… 20、30
瀬戸内型気候区 ……………17
瀬戸内海 …………………… 8、9

た行

台風 …………… 2、3、16、17、
　　　　　　24、25、30
太平洋型気候区 ……………17
種子島 ………… 8、9、20、21、
　　　　　　25、27
暖流 ………… 2、10、11、13
千島海流 …………………………10
対馬 …………………… 2、8、9
対馬海流 ……… 2、10、11、13
梅雨 …………………… 17、24
低気圧 …………………… 13、17
渡嘉敷島 ………………… 25、26
トカラ列島 …… 8、9、20、21、
　　　　　　25、26
徳之島 ………………… 25、26
利根川 …………………… 6、7

な行

内陸型気候区 ……………17
南西諸島 … 8、16、21、24、25
南西諸島型気候区 ……………17
日本海 …………………… 6、7、13
日本海型気候区 ……………17

日本海流 …………… 10、11、13

は行

波照間島 ………………… 25、27
干潟 …………………………5
ヒグマ …………………… 20、21
氷河時代 ………………… 8、9、30
フェーン現象 ……………………15
富士山 ……………………………22
偏西風 ………………… 14、16、30
北海道型気候区 ……………17
本土 ………… 4、6、8、9、12

ま行

三宅島 …………………………9
宮古島 ………………… 25、27

や行

屋久島 ……… 8、9、20、21、22、
　　　　　　23、25、26
谷津干潟 …………………………5
やませ ………… 3、10、14、15
ヤマネ …………………… 20、21
ヤンバルクイナ ……………… 20、21
与那国島 ………………… 25、26
与論島 ………………… 25、27

ら行

リアス海岸 ……… 2、4、5、9
利尻島 …………………… 8、9
リマン海流 …………… 2、10
隆起 ………………… 5、24、29
流氷 …………………… 17、30
レッドリスト ……………… 20、30
礼文島 …………………… 8、9

■ 監修
田代　博（たしろ　ひろし）

1950年広島県生まれ。1972年東京教育大学理学部（地理学専攻）卒業後、神奈川県立高校、1997年より筑波大学附属高校の社会科地理教諭。2015年より（一財）日本地図センター勤務。現在、日本地図センター相談役、明治大学等非常勤講師。地図を用いた富士山の展望研究で知られ、テレビ等にもしばしば出演。主な著書に『知って楽しい地図の話』『今日はなんの日、富士山の日』『世界の「富士山」』『地図がわかれば社会がわかる』（いずれも新日本出版社）、『「富士見」の謎』（祥伝社）、共編『展望の山旅（正、続、続々）』（実業之日本社）、監修『友だちに話したくなる地図のヒミツ』（実務教育出版）などがある。

■ 著者
稲葉茂勝（いなば　しげかつ）

1953年東京都生まれ。大阪外国語大学、東京外国語大学卒業。国際理解教育学会会員。子ども向けの書籍のプロデューサーとして多数の作品を発表。自らの著作は、『「戦争」と「平和」をあらわす世界の言葉』（今人舎）など、国際理解関係を中心に多数。2016年9月より「子どもジャーナリスト」として、執筆活動を強化しはじめた。

■ 企画・編集／こどもくらぶ

■ 制作・デザイン／（株）エヌ・アンド・エス企画（佐藤道弘・矢野瑛子）

■イラスト
楠美マユラ

■写真協力
tsuch/pixta
ange/pixta
ゆ～や/pixta
やまぼうしくん/pixta
benton/pixta
yuuta/pixta
photolibrary

本書で紹介した資料などは、2017年11月までに調べたものです。今後変更になる可能性がありますので、ご了承ください。

表紙写真：東阪航空サービス／アフロ
大扉写真：©daj/amanaimages

日本の島じま大研究2　日本の島じまの大自然と気候　　　　NDC290

2018年1月20日　　　初版発行

監　　修　　田代　博
著　　者　　稲葉茂勝
発　行　者　　山浦真一
発　行　所　　株式会社あすなろ書房　　〒162-0041　東京都新宿区早稲田鶴巻町551-4
　　　　　　　電話　03-3203-3350（代表）
印刷・製本　　瞬報社写真印刷株式会社

©2018 Inaba Shigekatsu
Printed in Japan

32P／31cm
ISBN978-4-7515-2892-1

●沖縄を中心とする南西諸島周辺の台風の経路（2012年）

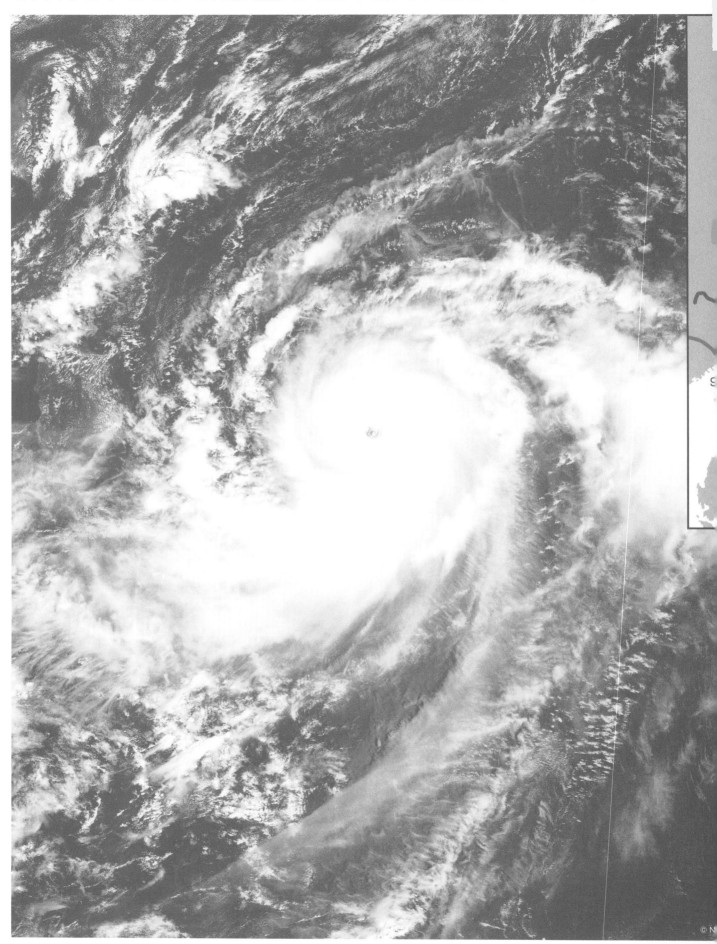